Las colonias del Sur

La **primera** y la **última** de las **13**

Kelly Rodgers

Asesores

Katie Blomquist, Ed.S.
Escuelas Públicas del Condado de Fairfax

Nicholas Baker, Ed.D.
Supervisor de currículo e instrucción
Distrito Escolar Colonial, DE

Créditos de publicación

Rachelle Cracchiolo, M.S.Ed., *Editora comercial*
Conni Medina, M.A.Ed., *Redactora jefa*
Emily R. Smith, M.A.Ed., *Realizadora de la serie*
Diana Kenney, M.A.Ed., NBCT, *Directora de contenido*
Caroline Gasca, M.S.Ed., *Editora superior*
Johnson Nguyen, *Diseñador multimedia*
Lynette Ordoñez, *Editora*
Sam Morales, M.A., *Editor asociado*
Jill Malcolm, *Diseñadora gráfica básica*

Créditos de imágenes: portada, pág.1 Hulton Archive/Getty Images; portada, págs.1, 2–4, 7, 12–14, 16, 18–20, 22–26, 31–32, contraportada North Wind Picture Archives; pág.4 Adrin Snider/Newport News Daily Press/MCT a través de Getty Images; pág.5 National Park Service, Colonial National Historical Park, Jamestown Collection; págs.6, 15, 17–18, 20, 29 Granger, NYC; pág.6 Bob Thomas/Popperfoto/Getty Images; pág.9 (inferior) National Geographic Creative/Bridgeman Images, (superior) Stock Montage/Getty Images; págs.10–11, 28–29 National Park Service, Colonial National Historical Park, Jamestown Collection; pág.13 Maryland State Archives/dominio público; pág.15 clipart cortesía de FCIT; pág.18 Erik Falkensteen/Granger, NYC; pág.23 Mattstone911/Wikimedia Commons/CC BY-SA 3.0; pág.25 LOC [LC-USZC4-7247]; pág.27 Library of Virginia; todas las demás imágenes cortesía de iStock y/o Shutterstock.

Library of Congress Cataloging-in-Publication Data

Names: Rodgers, Kelly, author.
Title: Las colonias del Sur : la primera y la ultima de las 13 / Kelly Rodgers.
Other titles: Southern colonies. Spanish
Description: Huntington Beach, CA : Teacher Created Materials, Inc., 2020.
| Audience: Grades 4-6.
Identifiers: LCCN 2019014758 (print) | LCCN 2019022339 (ebook) | ISBN 9780743913560 (pbk.)
Subjects: LCSH: Southern States--History--Colonial period, ca. 1600-1775--Juvenile literature.
Classification: LCC F212 .R6318 2020 (print) | LCC F212 (ebook) | DDC 975/.02--dc23

Teacher Created Materials

5301 Oceanus Drive
Huntington Beach, CA 92649-1030
www.tcmpub.com

ISBN 978-0-7439-1356-0

Contenido

La llegada de los ingleses

Durante la Era de los Descubrimientos, los europeos encontraron nuevas tierras. América del Norte y del Sur enseguida comenzaron a conocerse como el **Nuevo Mundo**. Distintos países compitieron entre ellos para ocupar las tierras. Muchas personas viajaron al Nuevo Mundo para reclamar su parte.

las 13 colonias

réplicas de los barcos que trajeron a los colonos al Nuevo Mundo

Inglaterra y otros países europeos colonizaron la costa este de América del Norte. Los colonos no paraban de llegar. Pero las tierras que querían ocupar ya estaban habitadas. Ya vivían unos 10 millones de indígenas en esos territorios. Comenzaron a surgir conflictos a medida que los colonos ocupaban cada vez más tierras. Los colonos también peleaban entre ellos. Tenían que crear una sociedad nueva. Tenían que trabajar arduamente para sobrevivir.

Con el tiempo, los colonos se adaptaron a la vida en el Nuevo Mundo. Hallaron nuevas formas de vivir, cultivar la tierra y comerciar. Las colonias inglesas tuvieron un comienzo difícil, pero pronto prosperarían. Y crearían tradiciones que aún hoy afectan nuestra vida.

Un grupo de colonos construye un fuerte en 1607.

La Compañía de Virginia

Los ingleses no fueron los primeros en colonizar el Nuevo Mundo. Los españoles habían encontrado oro y plata allí en la década de 1530. Los franceses habían desarrollado el comercio de pieles. Los ingleses también querían riquezas. En 1584, *sir* Walter Raleigh reclamó un territorio del Nuevo Mundo para Inglaterra. Lo llamó Virginia.

Pero el rey de Inglaterra no tenía mucho dinero para destinar a las colonias. Así que unos hombres ricos le dieron el dinero que necesitaba. En 1606, el rey Jacobo I les devolvió el préstamo entregándoles una **cédula real** para una nueva compañía. La llamaron la Compañía de Virginia.

sir Walter Raleigh

La Compañía de Virginia hizo este folleto en 1609 para conseguir apoyo para su colonia.

NOVA BRITANNIA.
OFFERING MOST
Excellent fruites by Planting in
VIRGINIA.

Exciting all such as be well affected
to further the same.

LONDON
Printed for SAMVEL MACHAM, and are to be sold at
his Shop in Pauls Chu...

La Compañía de Virginia quería establecer una colonia en el Nuevo Mundo. Era una **sociedad por acciones**. La gente compraba **acciones** de la compañía. A esos compradores se les llamaba **accionistas**. Eran dueños de pequeñas partes de la compañía. Ganaban dinero cuando a la colonia le iba bien. Las compañías hicieron que la colonización fuera menos riesgosa. Los hombres de la Compañía de Virginia querían hacerse ricos rápidamente. Como los españoles, esperaban encontrar oro y plata.

Una colonia perdida

Los ingleses primero establecieron una colonia en la isla de Roanoke, en Virginia, en 1585. Pero los colonos no estaban preparados. En 1590, llegó al lugar un barco con provisiones y encontró la colonia desierta. La única pista acerca de dónde podrían haberse ido todos era la palabra *Croatoan* que encontraron tallada en el poste de una cerca. Los historiados jamás han podido resolver el misterio.

Un comienzo desastroso

La Compañía de Virginia reunió a 144 hombres y jóvenes para viajar a Virginia. Partieron en tres naves. La peligrosa travesía duró cuatro meses y medio. Muchos querían regresar. Los colonos finalmente llegaron en abril de 1607. Las naves continuaron viaje tierra adentro por un río. Lo llamaron río James en honor al nombre de su rey en inglés. Rápidamente ocuparon unas tierras para instalar su nueva colonia, a la que llamaron Jamestown.

Esta es una réplica del Susan Constant, una de las naves que trajeron a los colonos a Jamestown.

John Smith

Hubo problemas desde el principio. Los colonos se enfermaron por beber el agua del río. Muchos murieron. Además, los colonos no querían trabajar. Querían hacerse ricos rápidamente. Nadie estaba dispuesto a despejar los campos o cultivar la tierra. Nadie quería pescar ni cazar. Al poco tiempo, se quedaron sin comida. Cuando llegó el invierno, solamente quedaban 38 personas. Los colonos empezaron a preocuparse porque no había oro. La mayoría quería regresar a Inglaterra.

Entonces, surgió un nuevo líder. Su nombre era John Smith. Smith creó reglas para los colonos. Su lema era "trabajar o pasar hambre". Esa frase significaba que, si querían comer, debían trabajar. Varias tribus powhatanas vivían cerca, así que Smith fue a pedirles ayuda.

Pocahontas

¿Realmente sucedió?

Pocahontas era la hija del líder de los powhatanes. Los ingleses lo llamaban Jefe Powhatan. Según Smith, los powhatanes lo capturaron y lo llevaron ante su jefe. El jefe dio la orden de ejecutar a Smith. Pero Pocahontas le pidió a su padre que le perdonara la vida. Esta historia es muy conocida, pero muchos historiadores dudan de que sea cierta.

Una explosión misteriosa

En 1609, Smith resultó herido en una explosión mientras navegaba por el río James. Algunos dicen que fue a causa de un fósforo que se encendió por accidente en su bolsa de pólvora. Pero Smith estaba convencido de que los colonos habían intentado asesinarlo.

John Smith resultó herido en un accidente. Regresó a Inglaterra para curarse. Los powhatanes y los colonos se ayudaron unos a otros por un tiempo. Pero los powhatanes se volvieron temerosos. Pensaban que los ingleses se estaban apoderando de todo. Quemaron los campos de los colonos y mataron a sus animales. Los colonos atacaron las aldeas de los powhatanes. Cuando llegó el invierno, los colonos morían de hambre. Otros murieron por enfermedades. Pocos sobrevivieron. Ese invierno se conoció como la época de la hambruna. Los colonos decidieron abandonar Jamestown, pero justo cuando estaban a punto de partir, llegó otro barco. Traía más colonos y provisiones. Los nuevos líderes le pidieron a la gente que se quedara. Hicieron nuevas reglas. La vida en Jamestown fue mejorando de a poco.

Un hombre llamado John Rolfe ayudó a salvar la colonia con un nuevo cultivo. Los indígenas habían cultivado tabaco durante muchos años. Rolfe cruzó plantas de tabaco con plantas del Caribe. Consiguió una mejor planta de tabaco. El cultivo prosperó. Los sembradíos de tabaco se extendieron por toda la colonia. Los colonos no habían encontrado oro, pero inventaron uno propio. Su colonia se salvó gracias al "oro marrón".

John Rolfe

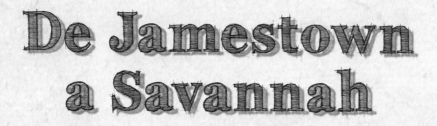

De Jamestown a Savannah

Virginia era perfecta para establecer allí granjas grandes. El clima era templado y el suelo era fértil. La temporada de cultivo era larga. Llovía a menudo y había muchos ríos. El tabaco se convirtió en un **cultivo comercial** que los colonos vendían a otros países. A la gente en Europa le gustó. Todos querían más.

Los agricultores ocuparon más tierras y Virginia creció. Cada vez llegaban más colonos para cultivar la tierra. Pero aumentó la tensión entre los colonos y los indígenas. La guerra estalló. En 1622, los indígenas atacaron a los colonos cerca del río James. Cientos fueron asesinados. El rey Jacobo estaba molesto. Creía que la Compañía de Virginia no podía controlar la colonia. **Revocó** la cédula real en 1624. Convirtió a la colonia en una colonia real. Ahora Virginia estaba bajo el control directo del rey.

una **plantación** de tabaco de Virginia en el siglo XVII

Maryland

Virginia

Carolina del Norte

Carolina del Sur

Georgia

Comenzaron a aparecer nuevas colonias. En 1632, el rey le dio a Cecil Calvert una concesión de tierras al norte de Virginia. Calvert las llamó Maryland. Les puso ese nombre en honor a la esposa del rey Carlos I, Enriqueta María. La colonia se convirtió en un **refugio** para los católicos. Muchos de ellos habían sido **perseguidos** en Europa.

Inspiración

La Ley de Tolerancia de Maryland se aprobó en 1649. Prometía libertad religiosa a todos los **cristianos**. Muchas personas creen que esta ley inspiró la Primera Enmienda de la Constitución de Estados Unidos.

Carolina del Norte

Carolina del Sur

En 1663, se otorgó una cédula real para las tierras ubicadas al sur de Virginia. Esta nueva colonia fue llamada Carolina en honor al rey Carlos II. Los agricultores cultivaban allí tabaco y arroz. El arroz se convirtió en otro cultivo comercial. En poco tiempo, las plantaciones de arroz se extendieron a lo largo de la costa sur.

Carolina era una colonia grande, por lo que era difícil de manejar. Así que en 1712, se dividió en dos colonias. Las llamaron Carolina del Norte y Carolina del Sur.

Casi al mismo tiempo, James Oglethorpe le pidió al rey una cédula real. A Oglethorpe se le ocurrió una idea. Las prisiones inglesas estaban llenas de gente. Muchos estaban allí porque debían dinero que no podían devolver. Eran *deudores*. Oglethorpe pensó que estas personas podían ganarse la vida en el Nuevo Mundo.

Un grupo de colonos llega al Nuevo Mundo.

El rey estaba preocupado por Carolina del Sur. Pensaba que los españoles y los franceses podrían atacarla. Georgia podría ser una colonia que sirviera de defensa. Protegería a Carolina del Sur. Por lo tanto, el rey concedió la cédula real.

En 1733, Oglethorpe creó su primer asentamiento. Lo llamó Savannah. No pudo llevar a los deudores como había querido. En cambio, llevó a trabajadores calificados. Fundó la colonia de Georgia. La nombró así en honor al rey Jorge II (George II en inglés). Fue la última de las 13 colonias originales.

¡No a la esclavitud en Georgia!

James Oglethorpe no quería esclavitud en Georgia. Quería que los colonos pudieran valerse por sí mismos. Así también Georgia servía como "colchón" para separar a Carolina del Sur, donde la esclavitud era legal, de la Florida española, donde era ilegal. Era fácil identificar a las personas que habían escapado de la esclavitud y llevarlas de vuelta a Carolina del Sur.

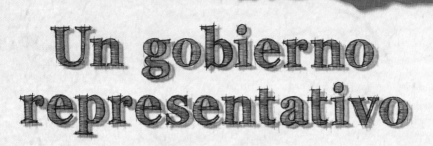

Un gobierno representativo

Los ingleses que vinieron al Nuevo Mundo querían proteger sus derechos Inglaterra tenía un tipo de **gobierno** poco habitual. En la mayoría de los países, el rey tenía todo el poder. Los ingleses tenían un rey, pero también tenían un **Parlamento**. Un Parlamento es un grupo de líderes. Algunos de ellos eran elegidos por el pueblo. El rey y el Parlamento trabajaban juntos para crear las leyes. Eso evitaba que el rey se volviera demasiado poderoso. El rey no podía tomar decisiones por sí mismo. Los colonos creían que este era un buen sistema.

el Parlamento británico en el siglo XVIII

Cuando se creaba una nueva colonia, el rey escogía un **gobernador**. Él estaba a cargo de la colonia. Los colonos elegían a un grupo de hombres para que los representaran. Estos **representantes** se reunían con el gobernador una vez al año. Juntos hacían las leyes para la colonia.

La primera colonia en usar este sistema fue Virginia. Sus representantes formaron la Cámara de los Burgueses. Solo los hombres blancos que eran dueños de tierras podían ser miembros. Y solo los hombres blancos que eran dueños de tierras podían votar. A medida que se formaban, las colonias nuevas también querían usar este sistema. Este fue el comienzo del autogobierno en Estados Unidos.

la Cámara de los Burgueses

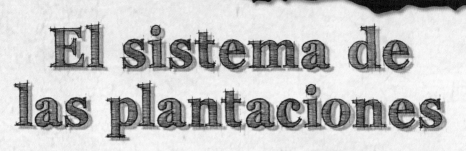

El sistema de las plantaciones

Los cultivos comerciales impulsaron la economía del Sur. Se desarrollaban en grandes plantaciones. Si bien el sistema de las plantaciones enriqueció a los terratenientes, muchas de las personas que trabajaban la tierra eran obligadas a vivir en malas condiciones.

Sirvientes por contrato

Hacían falta muchas personas para producir los cultivos comerciales. Pero la mayoría de los que podían ir a vivir al Nuevo Mundo no eran trabajadores calificados. Por eso, se creó una nueva forma de atraer trabajadores. Se llamó *sistema de reparto de tierras por cabeza*. Los terratenientes pagaban a los interesados el costo del viaje a las colonias. A cambio, recibían 50 acres de tierra por cada persona a la que le pagaban el viaje. Algunos terratenientes obtuvieron así grandes terrenos. Crearon plantaciones en ellos.

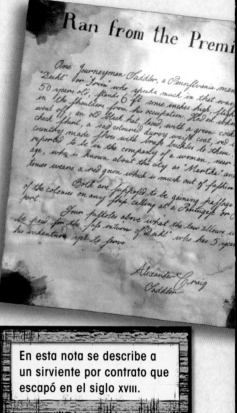

En esta nota se describe a un sirviente por contrato que escapó en el siglo XVIII.

plantación de arroz en Carolina

Las personas que llegaban así a las colonias firmaban unos contratos, o acuerdos, para trabajar como **sirvientes por contrato**. Trabajaban para los terratenientes durante una cantidad de años determinada. Si cumplían con sus contratos, recibían tierras, dinero o bienes como pago. A pesar de que los sirvientes contratados recibían un pago, tenían pocos derechos. Los terratenientes los obligaban a trabajar muchas horas en malas condiciones.

Con los años, los dueños de las plantaciones se hicieron ricos y poderosos. Pero el sistema de plantaciones no benefició a todos. Era una batalla perdida para los sirvientes por contrato, y los dueños de las pequeñas granjas no tenían modo de competir.

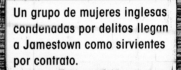

Un grupo de mujeres inglesas condenadas por delitos llegan a Jamestown como sirvientes por contrato.

Trabajo esclavo

A pesar de que los terratenientes ganaban dinero, querían bajar los costos de la mano de obra. Cuando se terminaban los contratos de los sirvientes, se necesitaban otras personas. Eso costaba dinero. Por lo tanto, los colonos comenzaron a usar esclavos para satisfacer sus necesidades de mano de obra. Los esclavos eran personas que pasaban a ser propiedad de otros contra su voluntad. No se les pagaba ningún salario. En general, no recuperaban su libertad.

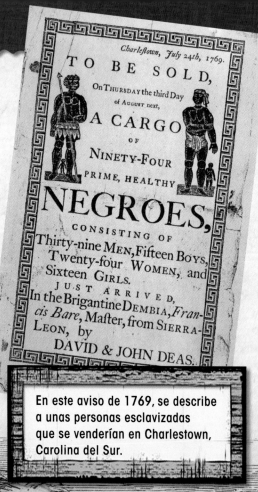

Charlestown, July 24th, 1769.

TO BE SOLD,
On THURSDAY the third Day
of AUGUST next,

A CARGO
OF
NINE-FOUR
PRIME, HEALTHY

NEGROES,
CONSISTING OF
Thirty-nine MEN, Fifteen BOYS,
Twenty-four WOMEN, and
Sixteen GIRLS.
JUST ARRIVED,
In the Brigantine DEMBIA, Francis Bare, Master, from SIERRA-LEON, by
DAVID & JOHN DEAS.

En este aviso de 1769, se describe a unas personas esclavizadas que se venderían en Charlestown, Carolina del Sur.

Personas esclavizadas descargan un bote en Carolina del Sur.

Los traficantes africanos de esclavos capturaban personas en las aldeas y las vendían en los mercados de esclavos. A menudo, las familias eran separadas cuando los traficantes de esclavos vendían a sus integrantes a diferentes personas. Una vez vendidas, las personas esclavizadas debían soportar un viaje largo y mortal al Nuevo Mundo.

Las tripulaciones cargaban a las personas esclavizadas en barcos. Muchas veces las obligaban a estar recostadas durante todo el trayecto. Así podían transportar la mayor cantidad posible de personas en un mismo barco. Les daban poca comida y agua, y solían pasar días sin respirar aire fresco. Alrededor del 15 por ciento moría en el viaje debido a enfermedades y maltratos. Una vez en las colonias, los traficantes europeos vendían a las personas esclavizadas a nuevos propietarios. En 1690, alrededor de 15,000 africanos esclavizados trabajaban en las colonias del Sur.

El comercio triangular

El tráfico de esclavos era parte de un sistema más grande llamado *comercio triangular*. Los traficantes de África, las Indias Occidentales y las colonias americanas comerciaban tanto personas como bienes.

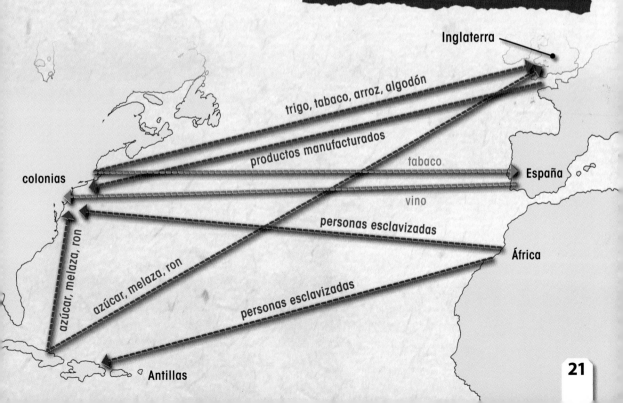

Inglaterra

trigo, tabaco, arroz, algodón

productos manufacturados

tabaco

colonias

España

vino

personas esclavizadas

azúcar, melaza, ron

azúcar, melaza, ron

África

personas esclavizadas

Antillas

En el Nuevo Mundo, las personas esclavizadas debían soportar horas de trabajo interminables. La mayoría trabajaba como peones en las plantaciones. Otras trabajaban en la casa de su amo. Las personas esclavizadas plantaban y cosechaban los cultivos. Se ocupaban del ganado. Cocinaban y limpiaban. Cuidaban a los hijos de sus amos. Algunas aprendían oficios, como la carpintería. Otras eran albañiles o herreros. Algunos dueños de plantaciones alquilaban sus esclavos a otros agricultores.

Esta persona esclavizada trabaja en la casa de su amo.

Esta familia de esclavos vive en el sótano de la mansión de su amo.

La vida de las personas esclavizadas era agotadora. Trabajaban seis días a la semana de sol a sol. Por lo general, se vestían con harapos. En ocasiones, casi ni comían. Muchos dueños castigaban duramente a los esclavos, por lo general haciéndoles pasar hambre y azotándolos. Incluso si un esclavo comía regularmente, había algo que no cambiaba. Los esclavos eran propiedad de otras personas. No tenían libertad ni protección.

Los africanos esclavizados eran de muchas tribus diferentes. Hablaban diferentes idiomas y tenían diferentes culturas. Muchos trataron de conservar sus creencias y prácticas de origen. La música era una forma de mantenerse conectados con el pasado y a la vez de protestar por las difíciles condiciones del presente. La música los unía. Era una manera de estar comunicados unos con otros.

El pueblo gullah geechee

El pueblo gullah geechee vive en unas islas ubicadas frente a la costa sureste de Estados Unidos. Son descendientes de personas esclavizadas que fueron capturadas y llevadas al Nuevo Mundo. Recuerdan su herencia africana a través del canto, la cestería y la pesca tradicional.

Una mujer gullah teje una canasta.

Las mujeres del Sur

Como en la mayoría de las sociedades de entonces, a las mujeres del Sur no se les tenía la misma estima que a los hombres. La ley no les daba muchos derechos. No podían ocupar cargos públicos ni votar. No podían ser ministras religiosas. Tenían pocas oportunidades fuera del hogar. Había pocas escuelas y había aún menos escuelas para niñas. La mayoría recibían una educación en el hogar. A veces se les enseñaba a leer y lo básico de matemáticas. Pero, más que nada, se les enseñaba a coser y cocinar. Las niñas eran educadas para ser esposas y madres. Se esperaba que todas las mujeres del Sur obedecieran a sus padres, hermanos o esposos.

Una mujer de la época colonial pela manzanas.

Mary Ball se casó con Augustine Washington en 1731. Augustine ya tenía tres hijos. Él y Mary tuvieron otros. A uno de ellos lo llamaron George. Mary llegó a vivir lo suficiente para ver a su hijo convertirse en el primer presidente de Estados Unidos.

Lo que hacían las mujeres en la sociedad del Sur se basaba en gran medida en su clase social. Las mujeres de la **clase de los plantadores** no estaban obligadas a trabajar. Tenían sirvientes y personas esclavizadas que se ocupaban de sus necesidades básicas. Pero otras mujeres trabajaban con su esposo en las granjas pequeñas. Tenían una vida difícil. También se esperaba de ellas que cuidaran la casa y criaran a los niños.

Un estilo de vida singular

Después de un desastroso comienzo, las colonias del Sur crecieron. Surgieron cinco grandes colonias y se desarrolló un singular estilo de vida. La mayoría de los habitantes eran agricultores. Así, las colonias crecieron rápidamente. Se convirtieron en una gran fuerza en el Nuevo Mundo.

Pero terminaron dependiendo del trabajo esclavo. En 1750, ya había alrededor de 235,000 personas esclavizadas en el Sur. Eso provocaría tensiones más adelante. Sin embargo, la esclavitud continuó hasta mediados del siglo XIX.

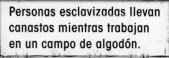

Personas esclavizadas llevan canastos mientras trabajan en un campo de algodón.

La sociedad del Sur era de espíritu fuerte. Las personas se sentían independientes. Los sureños aprendieron a gobernarse a sí mismos. Y no dejarían que nadie les quitara eso. Al poco tiempo, los colonos del Norte y del Sur comenzaron a cuestionar el dominio de Gran Bretaña. El malestar comenzó a sentirse. Las experiencias de los sureños con el autogobierno tendrían un papel clave en su destino. Ganaron confianza. Empezaron a sentir que podían valerse por sí mismos. La guerra estaba cerca.

reunión de la Cámara de los Burgueses en 1619

¡Diséñalo!

Era muy difícil convencer a los europeos para que se trasladaran al Nuevo Mundo. Los colonos debían viajar lejos de su hogar para construir pueblos desde cero. Mucha gente temía que la vida fuera peor en las colonias.

Investiga una de las colonias del Sur. Identifica las razones por las cuales algunos europeos querían mudarse allí. Ten en cuenta aspectos como el clima, las oportunidades para ganar dinero y las maneras de adquirir tierras. Haz un folleto para convencer a otros de que se muden a esa colonia.

Jamestown en 1615

NOVA BRITANNIA.

OFFERING MOST

Excellent fruites by Planting in
VIRGINIA.

Exciting all such as be well affected
to further the same.

LON
Printed for SAMVEL MA
his Shop in Pauls
Signe of

Este libro anima a la gente a mudarse a la colonia de Virginia.

THE
NEW LIFE
of Virginea:

DECLARING THE
FORMER SVCCESSE AND PRE-
sent estate of that plantation, being the second
past of Nova Britannia.

Published by the authoritie of his Maiesties
Counsell of Virginea.

LONDON.
Imprinted by Felix Kyngston for William Welby, dwelling at the
signe of the Swan in Pauls Churchyard. 1612.

Glosario

acciones: partes iguales de una compañía que le pertenecen a alguien

accionistas: personas que poseen acciones de una compañía

cédula real: un documento que firma el rey para dar tierras a los colonos

clase de los plantadores: el grupo de personas que eran las dueñas de las plantaciones

cristianos: personas que creen en las enseñanzas de Jesucristo

cultivo comercial: un cultivo, como el tabaco, que el agricultor produce para vender más que para consumir él mismo

ejecutar: matar a un prisionero

gobernador: la persona que está al mando de una región

gobierno: el grupo de líderes que toman decisiones en nombre de un país

Nuevo Mundo: el hemisferio occidental del mundo; en especial, América del Norte, América Central y América del Sur

Parlamento: el grupo de personas que hace las leyes en algunos tipos de gobierno

perseguidos: tratados injustamente debido a sus creencias

plantación: una granja grande donde se producen cultivos para ganar dinero

refugio: un lugar que ofrece protección ante el peligro

representantes: personas que actúan o hablan en nombre de otras personas u otros grupos

revocó: canceló algo y lo dejó sin efecto

sirvientes por contrato: personas que trabajan para otras para ganar su libertad o bienes

sociedad por acciones: una empresa en la que las personas compran acciones y se vuelven los propietarios

Índice

Granjas pequeñas y grandes

Esta es una plantación de arroz del Sur. Las granjas de este tipo eran muy grandes. Pero la mayoría de los agricultores del Sur solo poseían pequeñas parcelas de tierra. Usa un diagrama de Venn para comparar y contrastar cómo era la vida en una granja pequeña y en una gran plantación.